TIME FOR KIDS

Construye: Rascacielos

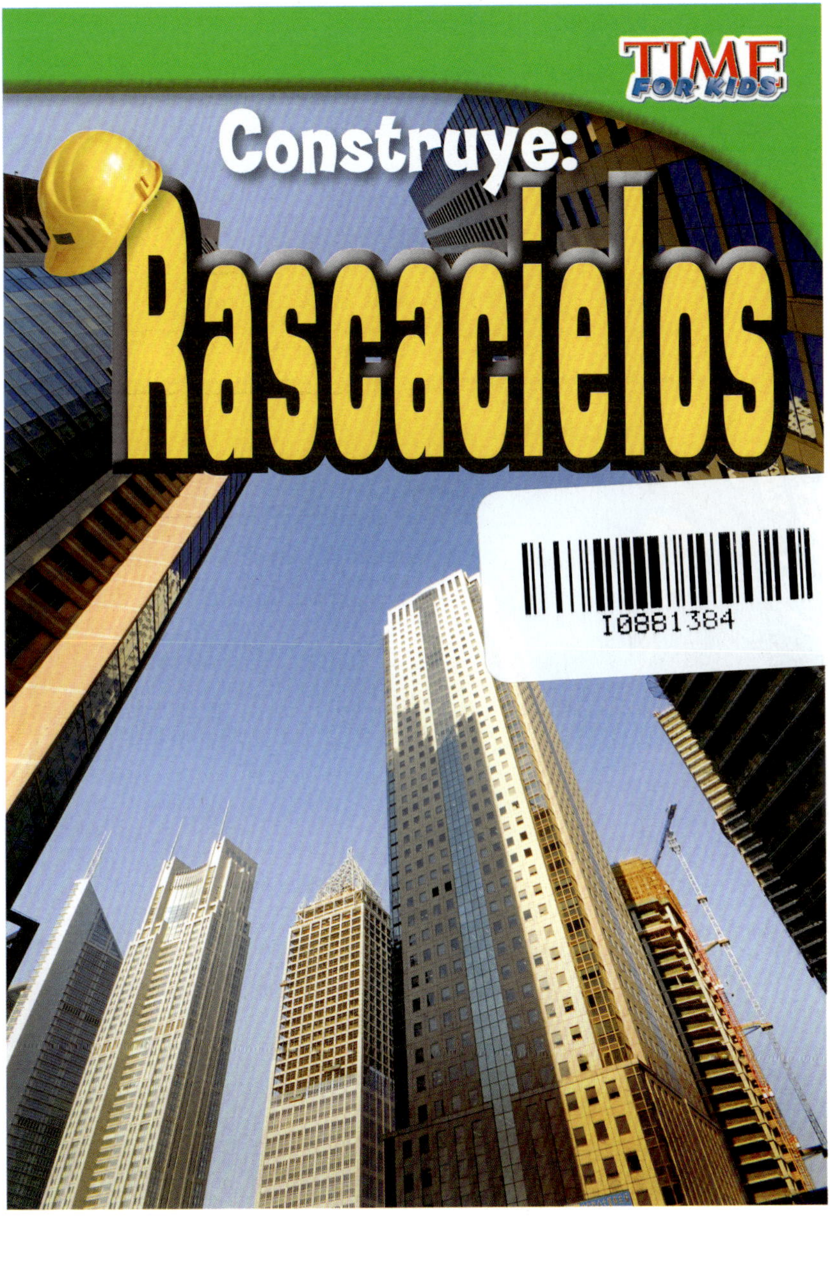

Madison Spielman

Asesor

Timothy Rasinski, Ph.D.
Kent State University

Créditos

Dona Herweck Rice, *Gerente de redacción*
Robin Erickson, *Directora de diseño y producción*
Lee Aucoin, *Directora creativa*
Conni Medina, M.A.Ed., *Directora editorial*
Ericka Paz, *Editora asistente*
Stephanie Reid, *Editora de fotos*
Rachelle Cracchiolo, M.S.Ed., *Editora comercial*

Créditos de las imágenes
Cover & p.1 Robert Churchill/iStockphoto; p.3 Dudarev Mikhail/Shutterstock; p.4 BarlomiejMagierowski/ Shutterstock.com; p.5 Danger Jacobs/Shutterstock; p.5 Ilja Mašík/Shutterstock; p.6 Amok.lv/Shutterstock; p.8 left: Losevsky Pavel/Shutterstock; p.8 right: The Granger Collection, New York; p.9 ekash/iStockphoto; p.10 Leungchopan/ Shutterstock; p.11 Auremar/Shutterstock; p.11 Trinacria Photo/Shutterstock; p.11 Edwin Verin/Shutterstock; p.12 Elena Aliaga/Shutterstock; p.13 Dainis/Shutterstock; p.13 Cobalt88/Shutterstock; p.13 DRGill/Shutterstock; p.14 Rick Nease-Illustrator/TFK; p.15 Morgan Lane Photography/Shutterstock; p.15 Rick Hyman/iStockphoto; p.16 Zelfit/Shutterstock; p.16 Kenneth V. Pilon/Shutterstock; p.17 Rick Nease-Illustrator/TFK; p.18 joyfull/ Shutterstock; p.19 Rick Nease-Illustrator/TFK; p.20 Dreamstime; p.20 Robert J. Beyers II/Shutterstock; p.21 Rick Nease-Illustrator/TFK ; p.22 Gina Sanders/Shutterstock; p.23 lisegagne/iStockphoto; p.23 Marje Cannon/iStockphoto; p.24 LWA/Larry Williams/Getty Images; p.24 Photolibrary; p.25 Wilfried Krecichwost/Getty Images; p.26 Lee Aucoin-Illustrator; p.27 Matt Grant/Shutterstock; p.27 gary718/Shutterstock; p.28 top to right bottom to right: Rick Nease-Illustrator/TFK; Rick Nease-Illustrator/TFK; Dainis/Shutterstock; Rick Nease-Illustrator/TFK; Losevsky Pavel/ Shutterstock; Rick Nease-Illustrator/TFK; eungchopan/Shutterstock; back cover: Dainis/Shutterstock

Teacher Created Materials
5301 Oceanus Drive
Huntington Beach, CA 92649-1030
http://www.tcmpub.com

ISBN 978-1-4333-4447-3

Tabla de contenido

Espacio para millones

En las ciudades más grandes del mundo viven y trabajan millones de personas.

¿Hay espacio suficiente para esas personas? ¿Dónde viven? ¿Dónde trabajan?

Hace mucho tiempo, las grandes ciudades comenzaron a llenarse demasiado. Fue necesario encontrar espacio para todos. Como ya no había espacio para construir *sobre* el suelo, decidieron construir *hacia* el cielo.

Ascensores

Al principio, no podían construir edificios muy altos. La gente no podía subir tantas escaleras. Fue entonces cuando inventaron el **ascensor**. Así, las personas podían llegar fácilmente al piso más alto de un edificio.

De esta manera nacieron los primeros **rascacielos**.

¿Qué es un rascacielos?

Un rascacielos es un edificio que parece tocar el cielo. Tienes que alzar mucho la vista para distinguir la punta del edificio.

Para tener esa altura, los rascacielos deben ser muy resistentes. Hace tiempo, la gente no sabía cómo construir edificios tan sólidos. Ahora sabemos cómo.

Cómo se construye un rascacielos

Primero, se usan máquinas para excavar un agujero grande y profundo.

En ese agujero se construye una estructura de acero y **concreto**. Estos son los **cimientos**.

Para que sea firme, un rascacielos debe tener cimientos anchos y fuertes.

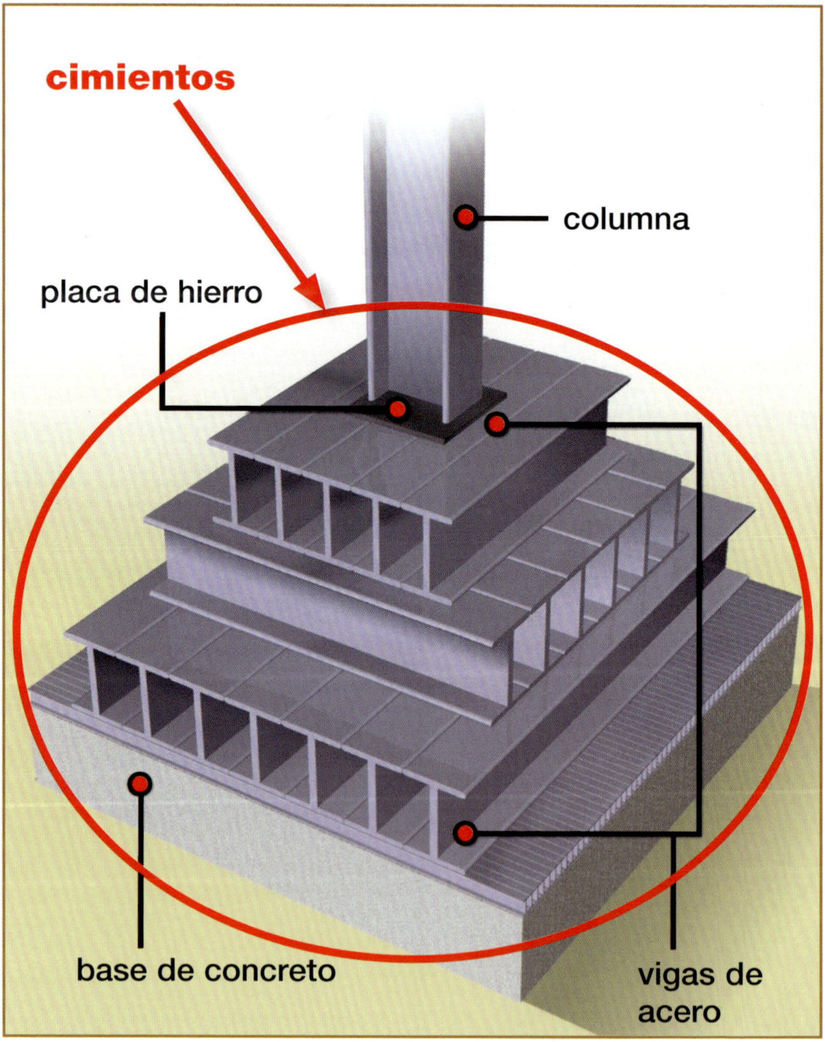

Los cimientos sostienen al rascacielos e impiden que se mueva.

Después, se colocan altas **vigas** de acero verticales que salen de los cimientos. Estas vigas sostienen el peso del rascacielos y el resto del edificio se une a las vigas.

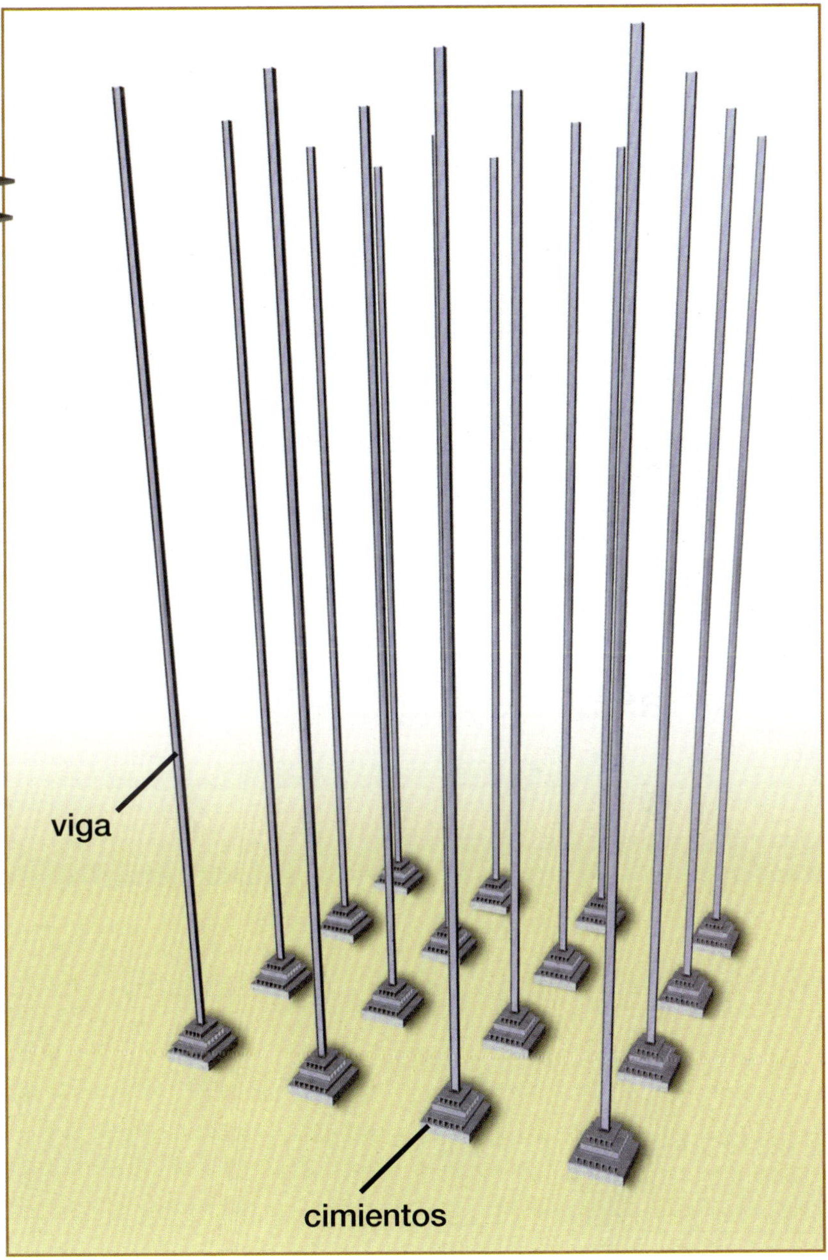
viga
cimientos

El siguiente paso es añadir los pisos. Se agregan más vigas de acero horizontalmente entre las altas vigas verticales, llamadas **vigas centrales**. Las vigas centrales sostienen los pisos y las vigas verticales sostienen las vigas centrales.

Los obreros deben tener cuidado al trabajar a gran altura en las estrechas vigas centrales.

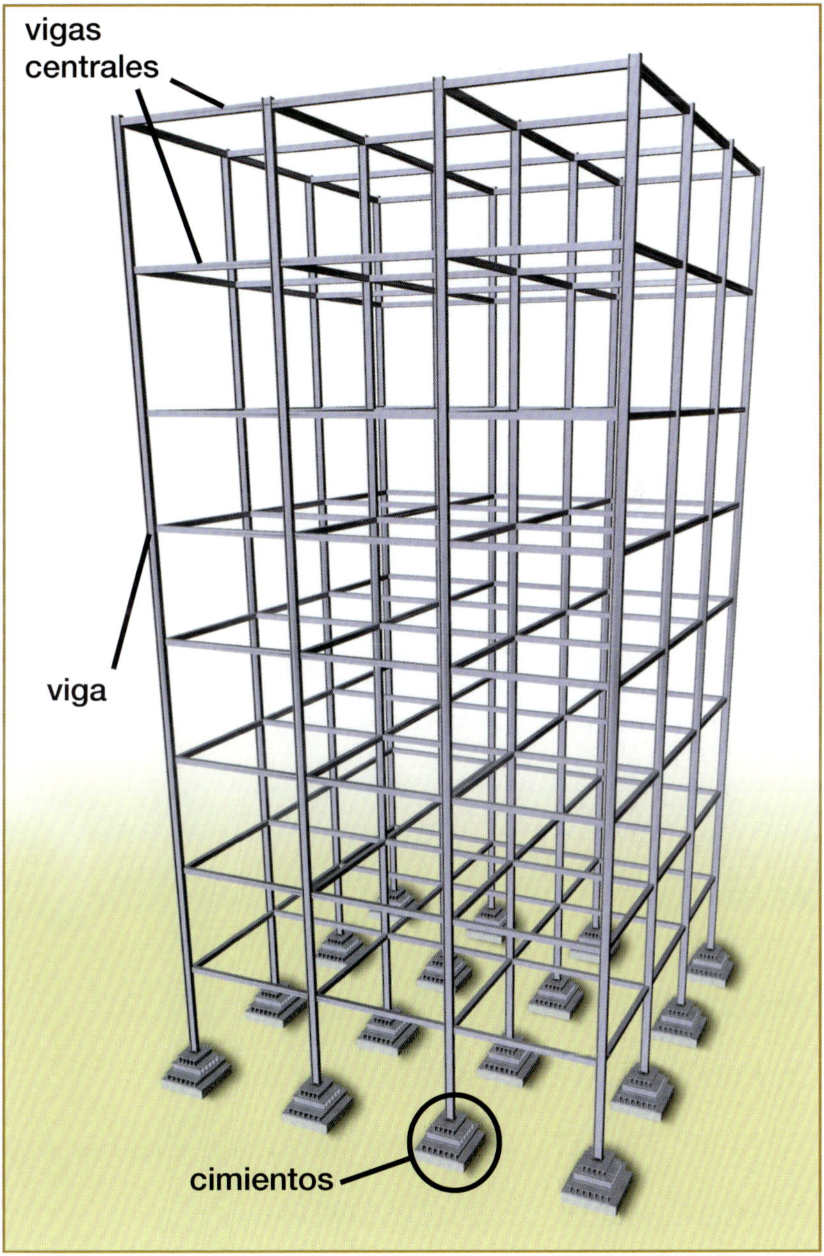
vigas centrales
viga
cimientos

Después de colocar las vigas, se añade vidrio y concreto para formar las paredes y los pisos. Esto se conoce como **muro de cortina**. El muro de cortina puede diseñarse de varias maneras, para que cada rascacielos sea distinto.

muro de cortina

¿Qué hay dentro de un rascacielos?

Casi siempre, los rascacielos son lugares donde las personas trabajan. En un mismo rascacielos pueden estar las oficinas de varias empresas. El rascacielos permite que las empresas estén cerca de una ciudad muy poblada.

Pero en los rascacielos
también puede vivir gente.

Las familias que habitan en los rascacielos comparten el edificio con muchas familias más. Cada familia tiene su propio hogar en el rascacielos.

En un rascacielos, tú podrías vivir en el piso 10 y tu mejor amigo en el piso 23. Sin embargo, ¡estarían en el mismo edificio!

Los rascacielos más altos

¿Qué tan alto puede ser un rascacielos? No se sabe. Siempre hay alguien que quiere construir un rascacielos más alto de los que ya existen.

Algunos de los rascacielos más altos en el mundo

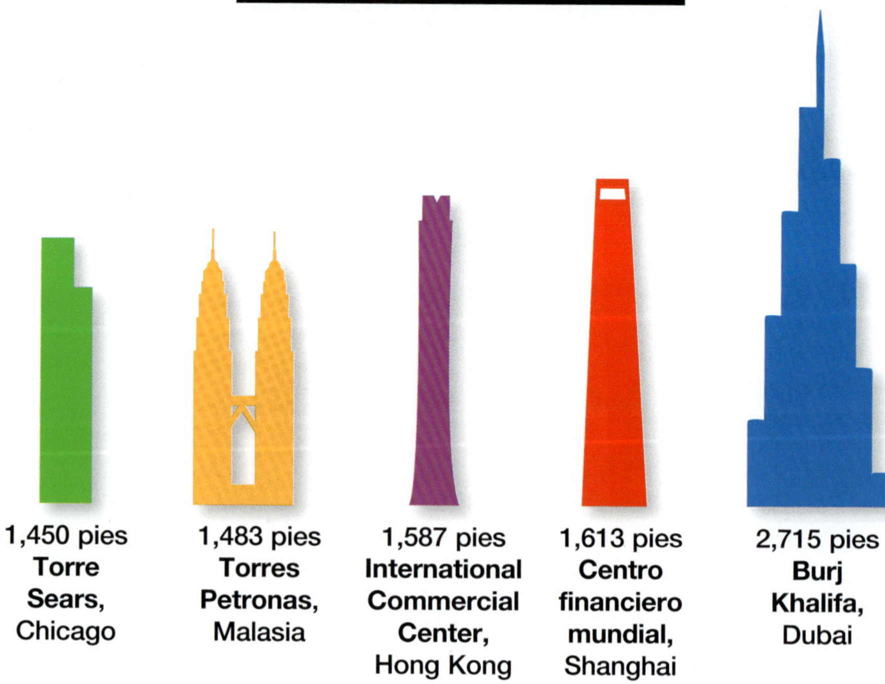

Torre Sears

Torres Petronas

Cuando se construyó el edificio del Empire State, la gente creyó que no podría existir un edificio más alto. Ahora, la Torre Sears en Chicago y las Torres Petronas en Malasia son mucho más altas.

Glosario

ascensor

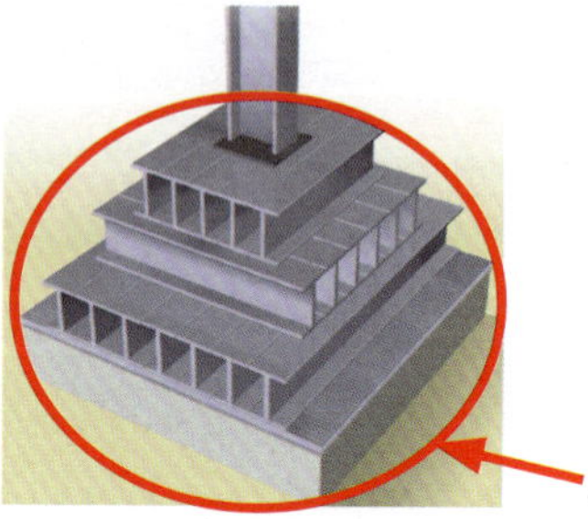

cimientos

concreto

muro de cortina

rascacielos

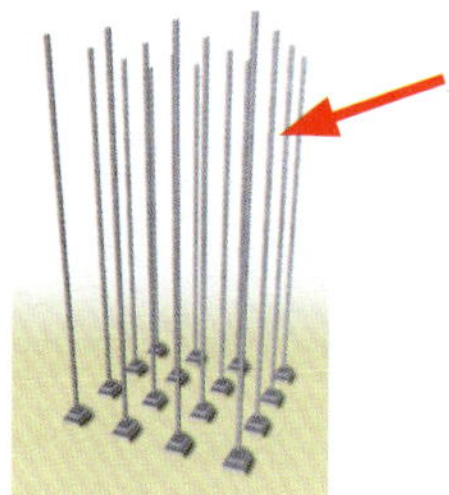

vigas

vigas centrales